AF373446

From the Author

To benefit from this book, the reader should first learn the Korean Alphabet Hangul. It is not as scary as it sound and is quite easy to learn. It's phonetic! Meaning it is very similar to the English system where you can sound words out.

Most can memorise the alphabet within one week of learning, some can even learn it overnight. So as to begin your Korean learning journey it is recommended to take your time memorise and master the Korean Hangul Alphabet. From there building your vocabulary would be much easier and fun. It is just a matter of time and you will know hundreds of Korean words and also be able to read in Korean!

Go for it! I know you can do it.

Thanks,

Tran Karabatsos

CONSONANTS						
ㄱ	ㄴ	ㄷ	ㄹ	ㅁ	ㅂ	ㅅ
G / K	N	D / T	R / L	M	B / P	S
ㅇ	ㅈ	ㅊ	ㅋ	ㅌ	ㅍ	ㅎ
NG	J	CH	K	T	P	H

VOWELS						
ㅏ	ㅐ	ㅑ	ㅒ	ㅓ	ㅔ	ㅕ
A	AE	YA	YAE	EO	E	YEO
ㅖ	ㅗ	ㅘ	ㅙ	ㅚ	ㅛ	ㅜ
YE	O	WA	WAE	OE	YO	U
ㅝ	ㅞ	ㅟ	ㅠ	ㅡ	ㅢ	ㅣ
WO	WE	WI	YU	EU	UI	I

ㄱ	g (initial) k (final)	as in **gold - kit**
ㄴ	n (initial) n (final)	as in **near**
ㄷ	d (initial) t (final)	as in **day - hat**
ㄹ	r (initial) l (final)	as in **rabbit - ball**
ㅁ	m (initial) m (final)	as in **moon**
ㅂ	b (initial) p (final)	as in **boy - map**
ㅅ	s (initial) t (final)	as in **smile - rat**
ㅇ	silent (initial) ng (final)	as in **ki<u>ng</u>dom**
ㅈ	j (initial) t (final)	as in **joy - hat**

ㅊ	ch (initial) t (final)	as in **chin - kit**
ㅋ	k (initial) k (final)	as in **kid**
ㅌ	t (initial) t (final)	as in **toy**
ㅍ	p (initial) p (final)	as in **play**
ㅎ	h (initial) t (final)	as in **hand - rat**
ㄲ	gg (initial) k (final)	as in **great - back**
ㄸ	dd (initial) t (final)	as in **desk - bat**
ㅃ	bb (initial) pp (final)	as in **brain - snap**
ㅆ	ss (initial) t (final)	as in **smile - rat**

ㅉ	jj (initial) t (final)	as in **joy - hat**
ㅏ	a	as in **father**
ㅐ	ae	as in **pay**
ㅑ	ya	as in **yacht**
ㅒ	yae	as in **yea!**
ㅓ	eo	as in **young**
ㅔ	e	as in **set**
ㅕ	yeo	as in **young**
ㅖ	ye	as in **yet**
ㅗ	o	as in **yo yo**

ㅘ	wa	as in **water**
ㅙ	wae	as in **waiter**
ㅚ	oi	as in **wait**
ㅛ	yo	as in **yo yo**
ㅜ	u	as in **cool**
ㅝ	weo	as in **won**
ㅞ	we	as in **wet**
ㅟ	ui	as in **we**
ㅠ	yu	as in **you**
ㅡ	u	as in **good**

| —| | ui | as in **wisdom** |
| | | i | as in **sheep** |

Korean

Picture Dictionary

500 words introducing you to Korean Hangul

Beginner

Content table

Chapters

Chap 1

Meet My Family

Meet my family

우리 가족 만나봐
uli gajog mannabwa

Mum
침묵
chimmug

Baby
아가
aga

Dad
아빠
appa

Uncle, 삼촌
samchon

Aunty, 아줌마
ajumma

Cousin, 사촌
sachon

Godmother, 대모
daemo

Godfather, 대부
daebu

Older Sister
언니
eonni

Older Brother
형
hyeong

Younger
Brother
남동생
namdongsa

Younger
Sister
여동생
yeodongsaeng

Grandma
할머니
halmeoni

Grandpa
할아버지
hal-abeoji

Son
아들
adeul

Mum
침묵
chimmug

Daughter
딸
ttal

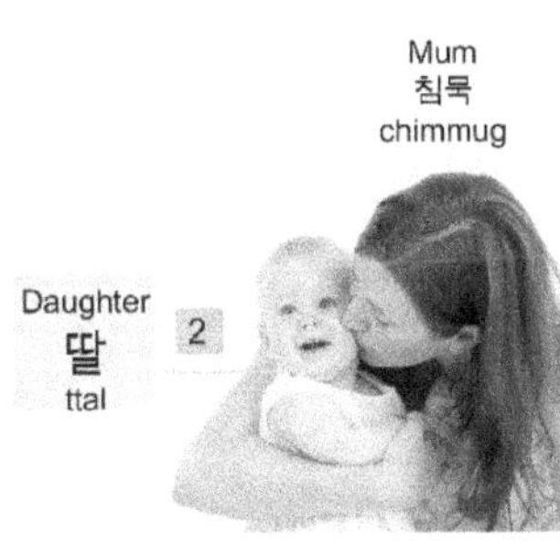

Meet my family

우리 가족 만나봐
uli gajog mannabwa

Ancestors
조상
josang

How many people in
your family?
가족이 몇
명입니까?
gajog-i myeoch
myeong-ibnikka?

Chap 2

People & work

Man
남자
namja

Woman
여자
yeoja

Child
아이
a-i

People and Work

사람들 과 작업
salamdeul gwa jag-eob

Doctor
박사님
bagsanim

Nurse
간호사
ganhosa

Lawyer
변호사
byeonhosa

Judge
판사
pansa

Police officer
경찰관
gyeongchalgwan

Teacher
선생님
seonsaengnim

Student
학생
hagsaeng

Politician
정치가
jeongchiga

Pharmacist
제약사
jeyagsa

Photographer
사진사
sajinsa

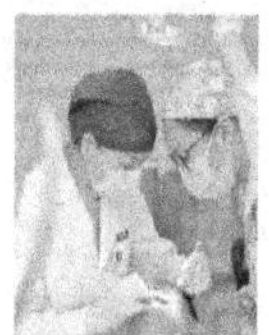

Dentist
치과 의사
chigwa uisa

Pilot
조종사
jojongsa

Fireman
소방수
sobangsu

Professor
교수
gyosu

Chef
요리사
yolisa

Colleague
동료
donglyo

Artist
예술가
yesulga

Singer
가수
gasu

Musician
음악가
eum-agga

Celebrity
명성
myeongseong

Movie Director
영화 감독
yeonghwa gamdog

Engineer
공학자
gonghagja

Accountant
회계사
hoegyesa

Architect
건축가
geonchugga

Scientist
과학자
gwahagja

Farmer
농장주
nongjangju

Employee
종업원
jong-eob-won

Manager
매니저
maenijeo

Businessman
실업가
sil-eobga

Secretary
비서
biseo

Entrepreneur
기업가
gieobga

meeting	모임	moim
appointment	약속	yagsog
business partner	비즈니스 파트너	bijeuniseu pateuneo
investor	투자자	tujaja
inventory	목록	moglog
assets	자산	jasan
profit and loss	이익과 손실	iiggwa sonsil

what time is the meeting?	회의는 몇 시입니까?	hoeuineun myeoch siibnikka?
where do you work?	당신은 어디에서 일합니까?	dangsin-eun eodieseo ilhabnikka?
what do you do for work?	무슨 일을 당신이해야합니까?	museun il-eul dangsin ihaeyahabnikka?
what is your salary?	당신의 월급은 얼마입니까	dangsin-ui wolgeub-eun eolmaibnikka

Chapter 3

Work places

Other places

Work Places

직장
jigjang

Office
사무실 (samusil)

Factory
공장 (gongjang)

company
회사 (hoesa)

highschool
고등학교
(godeunghaggyo)

primary school
초등학교
(chodeunghaggyo)

pre school
취학 전의
chwihag jeon-ui

university
대학 (daehag)

library **도서관**
(doseogwan)

museum **박물관**
(bagmulgwan)

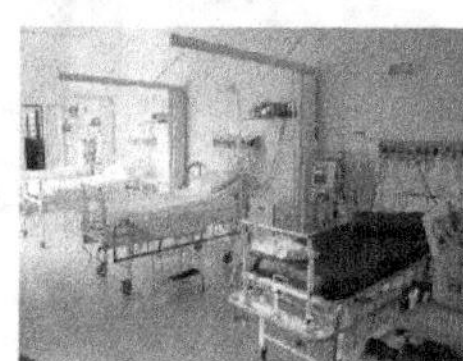

hospital **병원**
(byeong-won)

restaurant **레스토랑**
(leseutolang)

conference room **회의실**
(hoeuisil)

다른 장소들
daleun jangsodeul

hotel 호텔
hotel

bar 바
ba

hair salon 헤어 살롱
heeo sallong

park 공원
gong-won

beach 바닷가
badasga

river 강
gang

airport 공항
gonghang

bus stop 버스 정류장
beoseu jeonglyujang

train station 기차역
gichayeog

taxi stand 택시 승차장
taegsi seungchajang

carpark 주차장
juchajang

Mall 쇼핑 센터
syoping senteo

Chap 4

Numbers and Dates

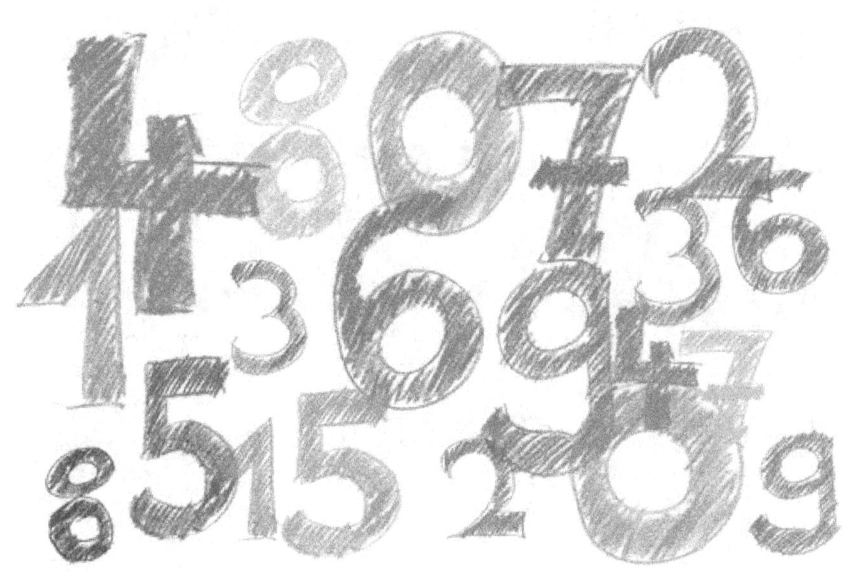

번호
beonho

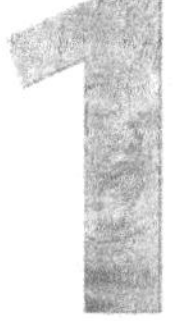    

일 (il)   이 (ee)   삼 (sam)   사 (sa)   오 (oh)

  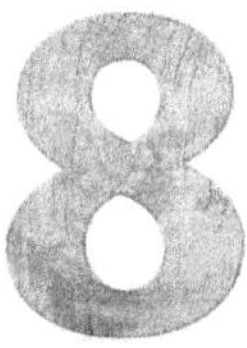  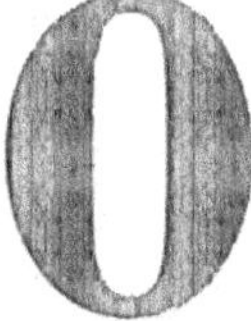

육 (yook)   칠 (chil)   팔 (pal)   구 (gu)   영 (young)

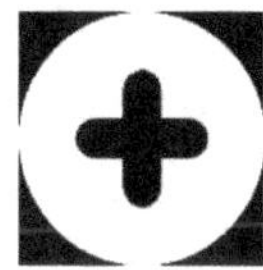   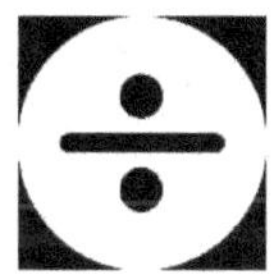 

더하기
deohagi   빼기
ppaegi   곱하다
gobhada   나누기
nanugi   이다
ida

번호
beonho

10	11	12	13	14	15	16	17	18	19

십 — sib (10)
열한 — yeolhan (11)
열 두 — yeol du (12)
열셋 — yeolset (13)
십사 — sibsa (14)
십오 — sibo (15)
십육 — sibyug (16)
십칠 — sibchil (17)
십팔 — sibpal (18)
십구 — sibgu (19)

20	30	40	50	60	70	80	90

스물 — seumul (20)
삼십 — samsib (30)
사십 — sasib (40)
오십 — osib (50)
육십 — yugsib (60)
칠십 — chilsib (70)
팔십 — palsib (80)
구십 — gusib (90)

100
백
baeg

1000
천
cheon

10000
만
man

100000
십만
sibman

1,000,000
백만
baegman

Dates

날짜
naljja

일월
il-wol

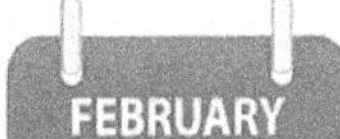
이월
iwol

삼월
Sam-wol

사월
sawol

오월
Oh-wol

유월
Yu-wol

칠월
Chil-wol

팔월
Pal-wol

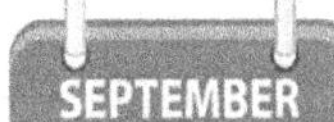
구월
Goo-wol

시월
Shi-wol

십일월
Shibeel-wol

십이월
Shibee-wol

여름
yeoleum
summer

봄
bom
spring

겨울
gyeoul
winter

가을
ga-eul
autumn

Chapter 5

Grocery Store

식료품 점
siglyopum jeom

Useful Phrases	
How do I buy the...?	.....어떻게? . ....eotteohge ...?
How much is/are the...?	....얼마입니까? ....eolmaibnikka?
Can it be cheaper?	더 저렴할 수 있습니까? deo jeolyeomhal su issseubnikka?
Can I try it?	시도해 볼 수 있습니까? sidohae bol su issseubnikka?
How is the flavor?	풍미는 어때? pungmineun eottae?

우유
uyu

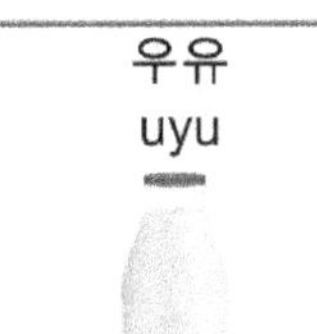

a bottle of milk
우유 한 병
uyu han byeong

달걀 dalgyal

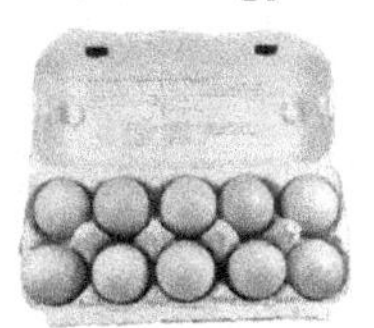

a dozen eggs
달걀 12 개
dalgyal 12 gae

빵 ppang

loaf of bread
빵 한 덩어리
ppang han

오렌지 주스
olenji juseu

A carton of
orange juice
오렌지 주스 1 팩
olenji juseu 1 paeg

감자 칩
gamja chib
(Potatoe chips)

A bag of potato chips
감자 칩 한 봉지
gamja chib han
bongji

물
mul

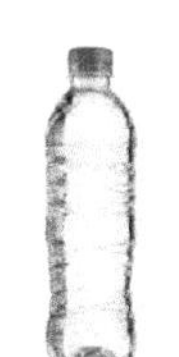

a bottled water
물 한병
mul hanbyeong

청량 음료
cheonglyang
eumlyo
(Soft Drink)

a can of ...
....캔
....kaen

Grocery Store

식료품 점
siglyopum jeom

MEAT - 고기 - gogi

소고기
sogogi
BEEF

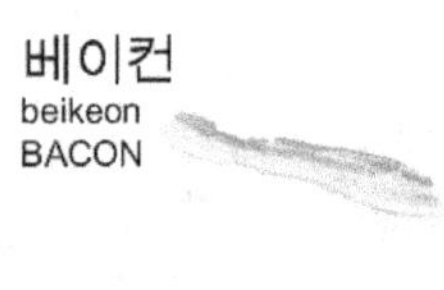

돼지 고기
dwaeji gogi
PORK

소세지
soseji
SAUSAGES

다진 고기
dajin gogi
MINCE MEAT

베이컨
beikeon
BACON

치킨
chikin
CHICKEN

SAUCES - 소스 - soseu

설탕
seoltang
SUGAR

소금
sogeum
SALT

후추
huchu
PEPPER

칠리 소스
chilli soseu
CHILLI
SAUCE

바베큐 소스
babekyu soseu
BBQ SAUCE

나는
소스입니다
naneun
soseu-ibnida

케이크
반죽 믹스
keikeu banjug
migseu
CAKE MIX

밀가루
milgalu
FLOUR

버터
beoteo
BUTTER

나는 무언가를 사고 싶다 ...
naneun mueongaleul sago sipda ...
I WOULD LIKE TO BUY SOME...

상점이 문을 닫았습니까 아니면 열려 있습니까?
sangjeom-i mun-eul dad-assseubnikka animyeon
yeollyeo issseubnikka?
IS THE STORE CLOSED OR OPEN?

식료품 점
siglyopum jeom

치즈
chijeu
CHEESE

아이스크림
aiseukeulim
ICE CREAM

먹을 수 있습니다
meog-eul su issseubnida
CAN FOOD

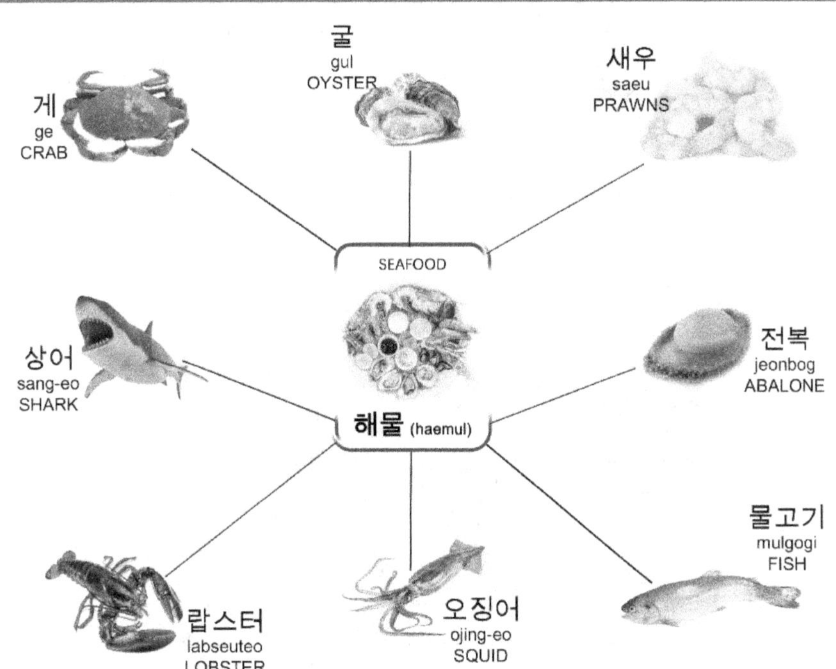

쇼핑 카트
syoping kateu
SHOPPING CART

쇼핑 바구니
syoping baguni
SHOPPING
BASKET

Grocery Store

식료품 점
siglyopum jeom

Buy - 구입 *(gu-ib)*
Pay - 지불 *(jibul)*

In what aisle? - *어떤 통로에서?*
eotteon tonglo-eseo?

Butcher shop - 푸줏간 *(pujusgan)*
Bakery - 빵집 *(ppangjib)*

what time is the shop open?
가게가 몇시에 문을 여나요?
gagega myeochsie mun-eul yeonayo?

가게 오픈
gage opeun
Shop is open

가게는 문을
닫았다
gageneun mun-eul
dad-assda
Shop is Closed

Chapter 6

Fruits & vegetables

Fruits & Vegetables

과일 과 채소
gwail gwa chaeso

I love eating fruits!

naneun gwail meogneun geos-eul joh-ahanda

나는 과일 먹는 것을 좋아한다!

사과
sagwa
Apple

바나나
banana
Banana

당근
dang-geun
Carrots

아보카도
abokado
Avocado

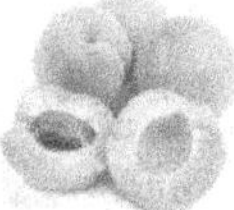

살구
salgu
Apricot

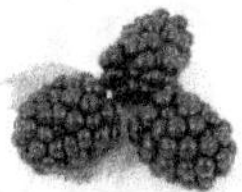

블랙 베리
beullaeg beli
Black Berries

버찌
beojji
Cherries

코코넛
kokoneos
Coconut

포도
podo
Grapes

레몬
lemon
Lemon

만다린 오렌지
mandalin olenji
Mandarin

망고
mang-go
Mango

과일 과 채소
gwail gwa chaeso

주황색
juhwangsaeg
Orange

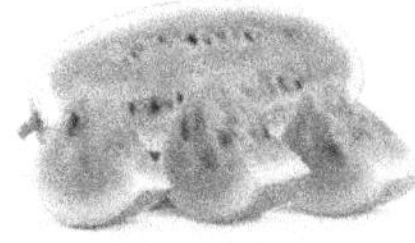

수박
subag
Watermelon

배
bae
Pear

딸기
ttalgi
Strawberry

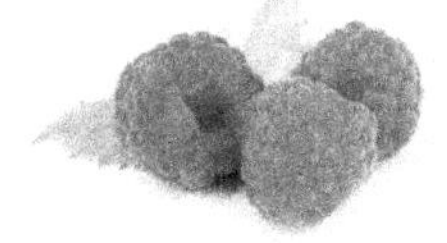

산딸기
santtalgi
Raspberry

A plate of fruits - 과일 한 접시 *(gwail han jeobsi)*
A basket of fruits - 과일 바구니 *(gwail baguni)*

"How much for one basket of apples?"
사과 한 바구니에 얼마예요?
sagwa han bagunie eolmayeyo?

"Please give me one plate of fruits"
과일 한 접시주세요.
gwail han jeobsijuseyo.

Chapter 7

My home

House - 집
jib

Apartment - 아파트
apateu

Lounge room 라운지 룸
launji lum

Kitchen 부엌 *bueok*

Bedroom 침실 chimsil

bathroom 화장실 *hwajangsil*

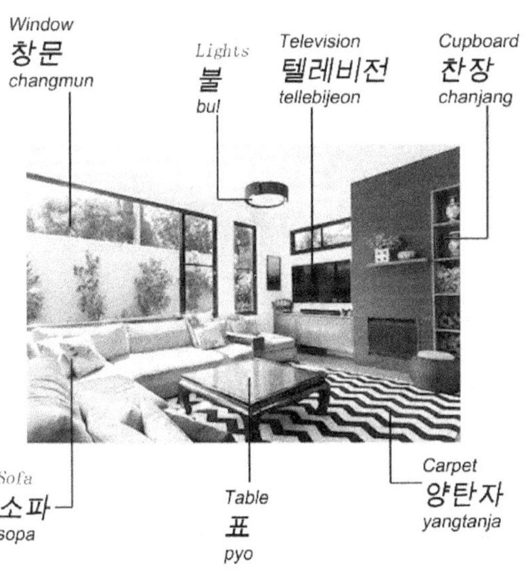

내 집
nae jib

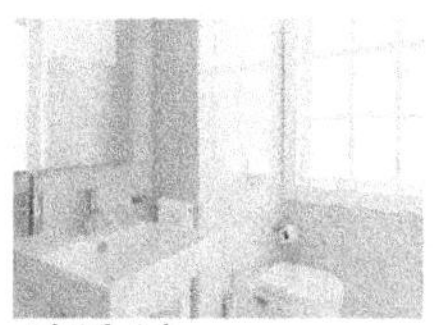

화장실
hwajangsil - bathroom

차고
chago - garage

세탁
setag - laundry

뒤뜰
dwitteul - backyard

공부방
gongbubang - study room

싱크대
singkeudae
sink

꼭지
kkogji
Tap

냉장고
naengjang-go
Fridge

난로
nanlo
Stove

찬장
chanjang
cupboard

침대
chimdae
bed

전자 레인지
jeonja leinji
Microwave oven

주전자
jujeonja
Kettle

Chapter 8

Appliances

전자 기기
jeonja gigi

전원 스위치
Power Switch
jeon-won seuwichi

식기 세척기
Dish Washer
siggi secheoggi

진공 청소기
Vacuum Cleaner
jingong cheongsogi

텔레비전
Television
tellebijeon

전화
Telephone
jeonhwa

데스크탑 컴퓨터
Desktop Computer
deseukeutab keompyuteo

건반
Keyboard
geonban

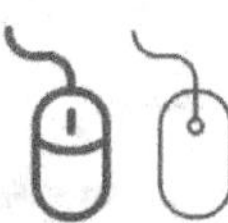

컴퓨터 마우스
Computer Mouse
keompyuteo mauseu

모니터 화면
Monitor Screen
moniteo hwamyeon

노트북
Laptop
noteubug

스피커
Speakers
seupikeo

헤드폰
Head Phone
hedeupon

라디오
Radio
ladio

카메라
Camera
kamela

MP3 플레이어
Mp3 Player
MP3 peulleieo

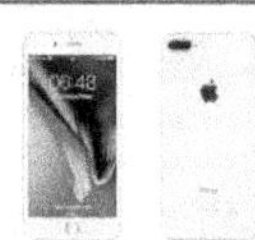

휴대폰
Celluler Phone
hyudaepon

Electronic Appliances

전자 기기
jeonja gigi

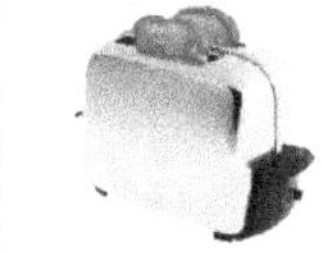

토스터에
Toaster
toseuteoe

밥솥
Ricer Cooker
babsot

헤어 드라이어
Hair Dryer
heeo deulaieo

DVD 플레이어
Dvd Player
DVD peulleieo

램프
Lamps
laempeu

계산자
Calculator
gyesanja

냉장고
Fridge
naengjang-go

오븐
Oven
obeun

전자 레인지
Microwave Oven
jeonja leinji

부채
Fan
buchae

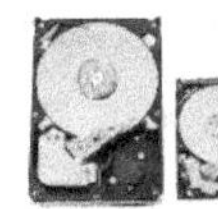

하드 드라이브
Hard Drive
hadeu deulaibeu

리모콘
Remote Control
limokon

Chapter 9

Animals, Reptiles & Insects

Animals, Reptiles and Insects

동물, 파충류 및 곤충
Dongmul, Pachunglyu mich Gonchung

고양이 - Cat (goyang-i)

개 - Dog (gae)

물고기 - Fish (mulgogi)

토끼 - Rabbit (tokki)

기린 - Giraffe (gilin)

염소 - Goat (yeomso)

양 - Sheep (yang)

순록 - Reindeer (sunlog)

순록 - Bear (gom)

Animals, Reptiles and Insects

동물, 파충류 및 곤충
dongmul, pachunglyu mich gonchung

사자 - Lion (saja)

호랑이 - Tiger (holang-i)

새 - Bird (sae)

독수리 - Eagle (dogsuli)

비둘기 - Pigeon (bidulgi)

상어 - Shark (sang-eo)

악어 - Crocodile (ag-eo)

고래 - Whale (golae)

뱀 - Snake (baem)

Animals, Reptiles and Insects

동물, 파충류 및 곤충
Jongmul, pachunglyu mich gonchung

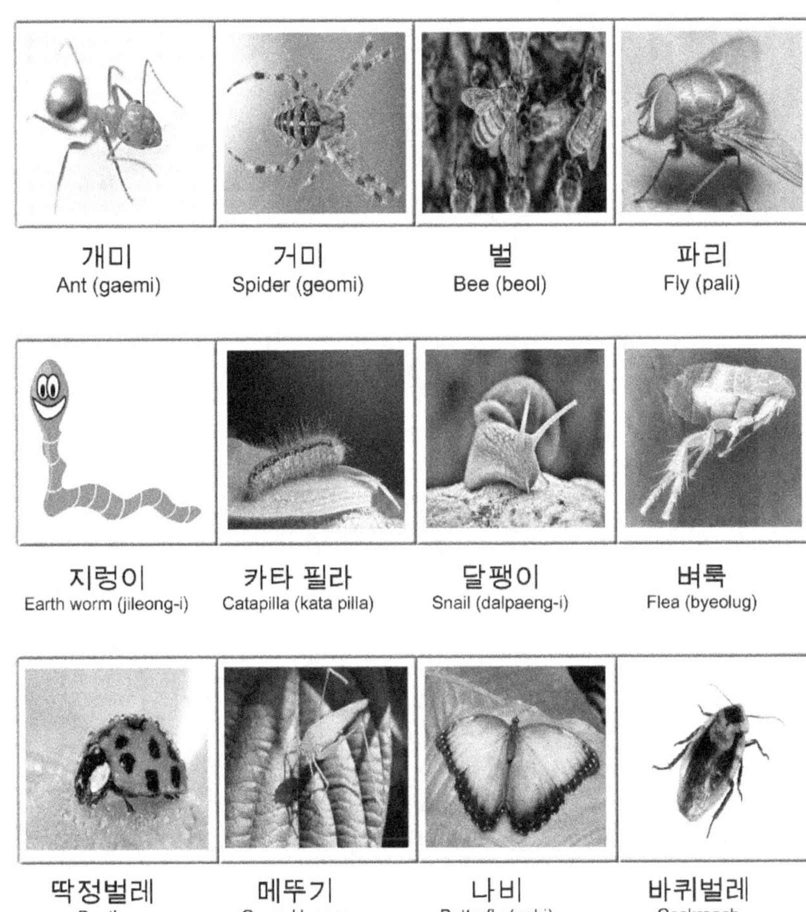

개미
Ant (gaemi)

거미
Spider (geomi)

벌
Bee (beol)

파리
Fly (pali)

지렁이
Earth worm (jileong-i)

카타 필라
Catapilla (kata pilla)

달팽이
Snail (dalpaeng-i)

벼룩
Flea (byeolug)

딱정벌레
Beetle
(ttagjeongbeolle)

메뚜기
Grass Hopper
(mettugi)

나비
Butterfly (nabi)

바퀴벌레
Cockroach
(bakwibeolle)

Chapter 10
Money

Money

돈
don

미국 달러
migug dalleo
American Dollar

호주 달러
hoju dalleo
Australia dollar

싱가포르 달러
sing-gapoleu dalleo
Singapore Dollar

중국 위안
jung-gug wian
Chinese Yuan

일본 엔
ilbon en
Japanese YEN

유럽 달러
yuleob dalleo
Euro dollar

캐나다 달러
kaenada dalleo
Canada Dollar

돈
don

은행 (eunhaeng)
Bank

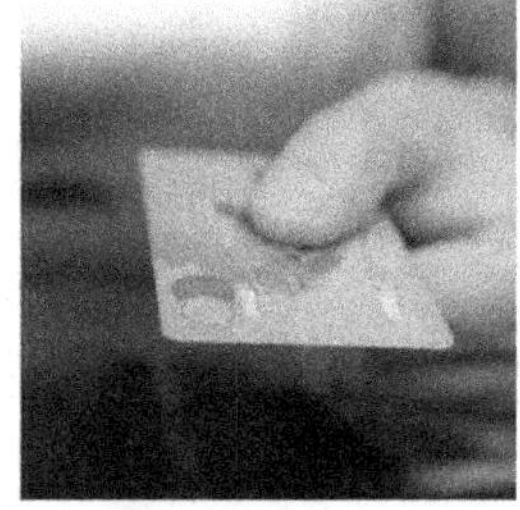

신용 카드
(sin-yong kadeu) Credit Card

현금
(hyeongeum) Cash

이자율
(ijayul) Interest Rate

환율
(hwan-yul) Exchange Rate

주식 시장
(jusig sijang) Stock Market

사다
(sada) Invest

경제
(gyeongje) Economy

Chapter 11

Face and Body

얼굴,과 몸
eolgul,gwa mom

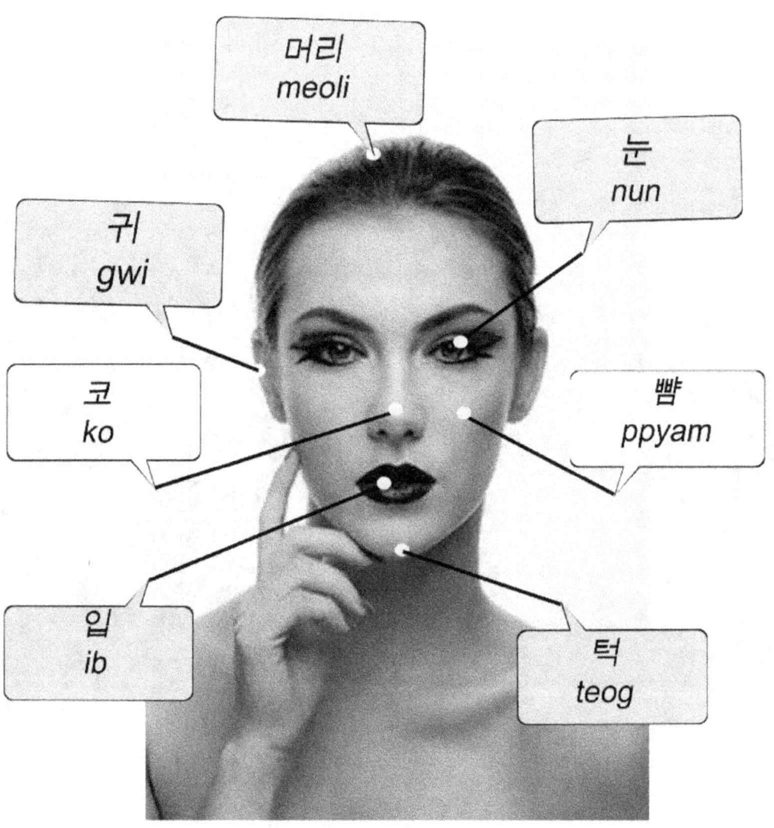

Face and body

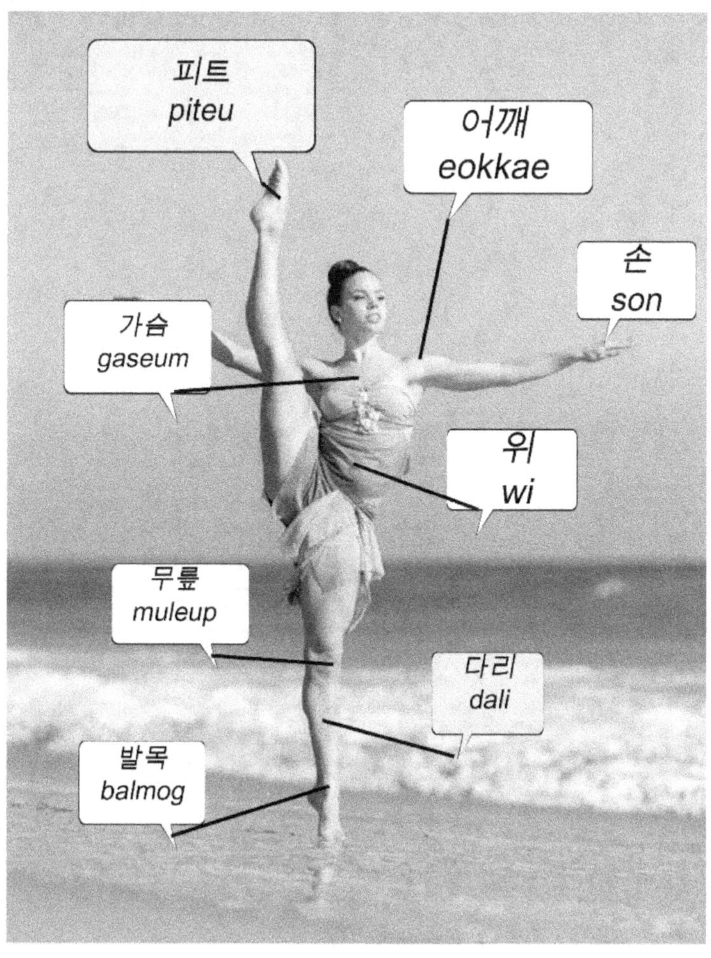

The End

Congratulations you now know 500 Korean Words and can read Korean!